AF227317

TAILLE A LÉGENDE HÉBRAÏQUE

PROVENANT DE CARTHAGE

ET

BAGUE EN OR A CARACTÈRES PUNIQUES

PROVENANT DE TUNIS

PAR

M. Philippe BERGER

Extrait de la *Revue d'Assyriologie et d'Archéologie orientale*,
vol. VI, n° 3, 1906.

PARIS

ERNEST LEROUX, ÉDITEUR

LIBRAIRE DE L'ÉCOLE DU LOUVRE
DE L'ÉCOLE DES LANGUES ORIENTALES VIVANTES, DE LA SOCIÉTÉ ASIATIQUE, ETC.
28, RUE BONAPARTE, 28

1906

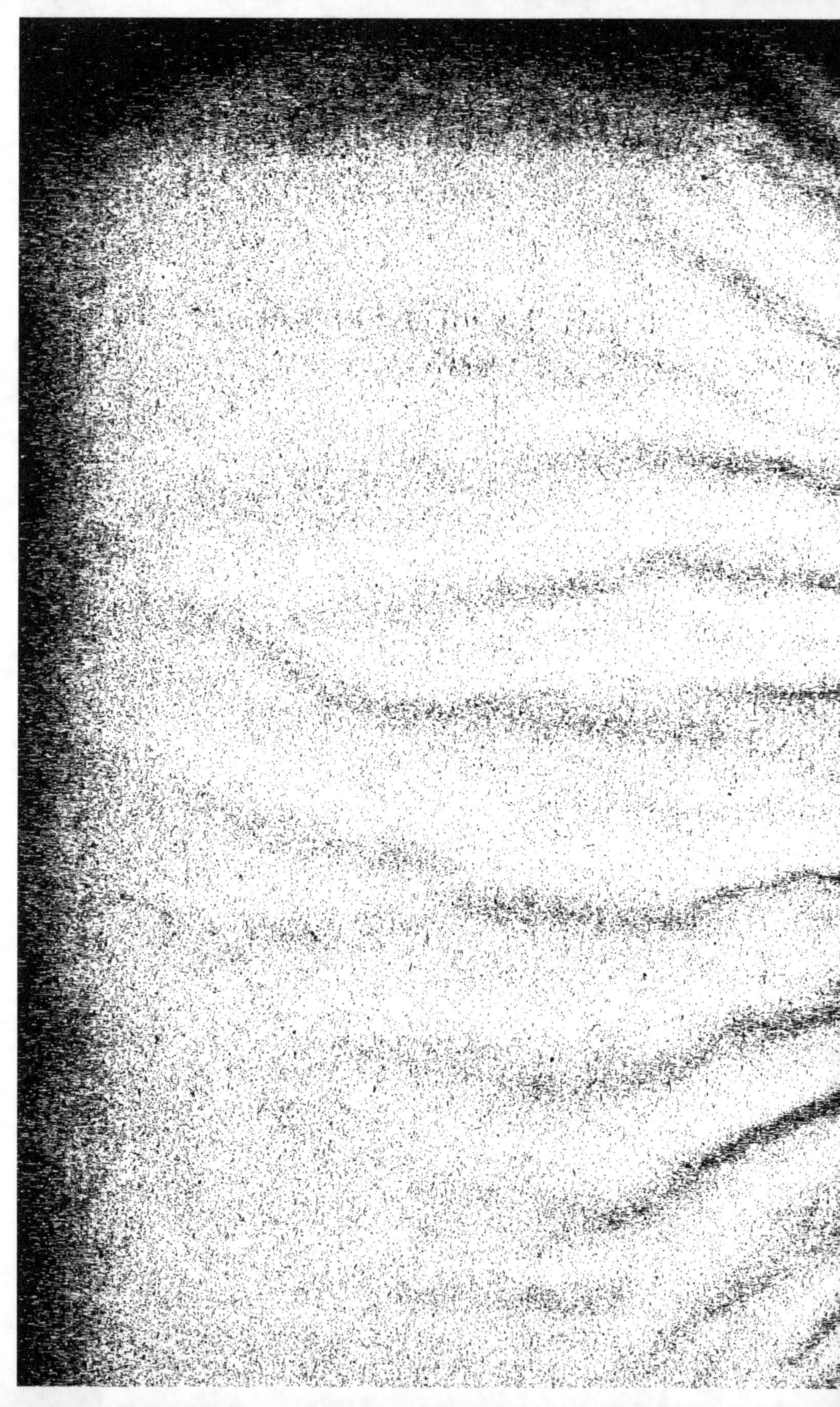

TAILLE A LÉGENDE HÉBRAIQUE

PROVENANT DE CARTHAGE

ET

BAGUE EN OR A CARACTÈRES PUNIQUES

PROVENANT DE TUNIS

PAR

M. Philippe BERGER

Extrait de la *Revue d'Assyriologie et d'Archéologie orientale*,
vol. VI, n° 3, 1906.

PARIS

ERNEST LEROUX, ÉDITEUR

LIBRAIRE DE L'ÉCOLE DU LOUVRE
DE L'ÉCOLE DES LANGUES ORIENTALES VIVANTES, DE LA SOCIÉTÉ ASIATIQUE, ETC.
28, RUE BONAPARTE, 28

—

1906

INTAILLE A LÉGENDE HÉBRAIQUE
PROVENANT DE CARTHAGE

Par M. Philippe BERGER

La très curieuse pierre sigillaire que nous reproduisons plus loin a été découverte à Carthage, dans une sépulture, par le P. Delattre, au commencement de novembre 1905. Elle a été trouvée dans un sarcophage colossal en marbre, dont M. Héron de Villefosse a entretenu l'Académie, à la séance du 24 novembre 1905. J'ai moi-même communiqué cette épigraphe à l'Académie, le 8 décembre.

Le P. Delattre à qui j'avais demandé quelques détails complémentaires sur cette découverte m'a écrit à ce sujet:

« Le squelette auprès duquel se trouvait cette bague était enfermé dans un cercueil en bois, qui occupait le fond du sarcophage. D'après l'inspection des os, ce devait être une femme. Elle s'était cassé la jambe, car le péroné gauche comporte une soudure avec déviation, qui ne donne pas une haute idée de l'habileté des médecins carthaginois. La pierre est en cornaline. Elle formait le chaton d'une bague en or, fourrée d'argent. Le métal intérieur, en l'oxydant, a fait éclater l'or.

» Avec cette bague il y en avait une seconde en ambre. En dehors de ces deux bagues, qui étaient peut-être au même doigt, car elles furent trouvées ensemble, le mobilier funéraire ne se composait que d'un petit grenat suspendu à un fil d'or et d'un objet en plomb, déjà rencontré dans d'autres tombes de la nécropole et offrant la forme d'une patte de poule. »

Il résulte de ce qui précède que cette sépulture était la sépulture d'une riche Carthaginoise; or, la pierre gravée qui forme le chaton de la bague n'est pas une intaille phénicienne, mais une intaille hébraïque, et le nom qu'elle porte n'est pas un nom de femme, mais un nom d'homme.

Le caractère juif de ce petit monument se reconnaît du premier coup d'œil. Le champ est occupé par un personnage ailé, le corps vu de trois quarts et la tête de profil. Les ailes sont étendues en avant; le bras droit levé, fait le geste de l'adoration ou de la bénédiction; de l'extrémité du bras gauche part un objet qui ressemble à un trident. La figure est coiffée à l'égyptienne et porte une tunique courte, qui laisse voir les jambes nues.

Autour de cette figure sont gravés cinq caractères hébraïques, un à droite et

quatre à gauche, disposés deux par deux, les uns au-dessous des autres. Ces caractère
appartiennent à l'alphabet hébreu archaïque du VIe ou du VIIe siècle avant notre ère
d'après la classification généralement adoptée. Je ne voudrais pas garantir pourtan
qu'ils ne soient pas plus récents, car l'ancien alphabet hébreu paraît avoir eu u
certain caractère hiératique et, surtout sur les pierres gravées, comme plus tard su
les monnaies, il a très peu varié.

Les lettres sont d'une netteté absolue. Je les lis, en allant de haut en bas :

ליואב

A Joab.

M. Clermont-Ganneau, à la séance où j'ai communiqué cette inscription à l'Aca
démie, a proposé de la lire, non pas parallèlement, de haut en bas, mais circulaire
ment, en remontant : לאבי = *A Abija.* Cela est possible; les deux lectures peuvent s
soutenir et toutes deux donnent un nom satisfaisant.

Je ferai pourtant remarquer qu'en général le nom divin est orthographié יהו =
Jahou, avec un *hé*, dans les noms propres où il se trouve à la fin; au contraire, quan
il est au commencement, il s'écrit régulièrement יו = *Jô*. On pourrait ajouter qu
les lettres sont trop en lignes pour être lues circulairement.

Quoi qu'il en soit, la chose importante, c'est que nous avons là, dans une tomb
punique, une pierre gravée hébraïque, portée comme bague par une carthaginoise
La place où a été trouvée la bague dans le cercueil indique, en effet, comme
P. Delattre en a fait la remarque, qu'elle devait être au doigt de la défunte. Et cett
carthaginoise avait une bague sur laquelle était gravé un nom d'homme.

Il n'y a guère que deux hypothèses possibles : l'une, qui a contre elle toutes le
vraisemblances, est que cette femme était une juive, et qu'après la mort de son mar
elle avait pris sa bague, comme il arrive encore chez nous que l'on porte l'allianc
d'un défunt. Cette hypothèse est contredite par le caractère purement grec et par l
date du sarcophage, qui est du IIIe ou du IVe siècle, tandis que la bague est au moin
de deux ou trois cents ans plus vieille.

L'autre hypothèse, c'est que cette riche carthaginoise portait au doigt un antique
comme nous portons des camées ou des pierres gravées qui datent de l'antiquité ou d
la renaissance. Nous aurions là un exemple curieux de cette civilisation raffinée e
toute d'emprunt, fondée sur le commerce et qui a vécu de l'art des autres; comm
elle a vécu de toutes les inventions des peuples doués d'un génie créateur avec les
quels elle était en contact.

BAGUE EN OR A CARACTÈRES PUNIQUES

PROVENANT DE TUNIS

Par M. Philippe BERGER

 La seconde intaille que nous publions ici vient de Tunis. Elle a été achetée à un arabe par M. le capitaine Marty, en possession de qui elle se trouve actuellement. J'en dois la communication à l'obligeance de M. le Dr Carton, qui m'a envoyé l'empreinte en cire, d'après laquelle nous l'avons reproduite.

Je l'ai communiquée à l'Académie des Inscriptions, à la séance du 16 mars 1906 (voyez *Comptes rendus*, p. 110), communication qui a donné lieu à diverses observations de MM. Reinach et Babelon, dont il sera question ci-après.

Elle représente en creux, sur le chaton d'une bague en or, la tête d'une déesse casquée, accompagnée en haut, à droite et à gauche, des deux lettres puniques n, א, *alef* et *tav*.

La déesse est vue de trois quarts ; elle a les yeux saillants, le nez rond et court, les traits forts ; le cou nu est orné d'un collier. Elle est coiffée d'un casque plat, que surmonte un cimier surbaissé ; des deux côtés du casque se voient deux sortes de conques relevées qui représentent sans doute des garde-joues. Un treillis léger, qui va du casque aux épaules, simule les cheveux. Toute cette figure, d'un aspect très vivant, est d'un dessin très fin et d'un relief fortement accentué.

Les deux lettres א et n, soigneusement tracées, comme le reste du cachet, sont de forme récente ; elle peuvent dater du IIe ou du IIIe siècle avant notre ère.

La première idée, que m'a suggérée M. Salomon Reinach, était d'y voir une Athéna. Nous aurions là l'identification grecque d'une divinité punique, sans doute de Tanit. Mais si le casque est grec, les traits ne le sont pas ; ils n'ont rien du type classique d'Athéna, ni de la déesse, de style bien grec, qui est figurée sur les monnaies de Carthage frappées à Syracuse. La figure est plus arrondie, et l'on dirait plutôt une déesse africaine coiffée à la grecque.

Cela n'a rien qui doive nous surprendre. Les Carthaginois s'étaient mis à l'éco
des Grecs ; ils avaient des instructeurs grecs, comme les Japonais des instructeu
français ou allemands. Nous savons que, lors des guerres puniques, ils apprirer
du général lacédémonien Xanthippe l'ordre de bataille en phalange[1]. Il n'y aura
donc rien de plus étonnant à voir le casque grec adopté par les Carthaginois, qu'à voi
depuis 1870, le casque à pointe adopté par des armées qui étaient, au point de vu
militaire, tributaires de la Prusse. Il est donc possible qu'il faille reconnaître da
cette figure, non pas un type conventionnel, emprunté aux Grecs par les Carthaginoi
mais la reproduction de ce qu'ils avaient sous les yeux.

M. Babelon m'a pourtant signalé un autre rapprochement qui mérite aussi d'ar
rêter notre attention.

Les plus anciennes monnaies de la République romaine, ces as avec la légenc
Roma, qui datent de l'an 437-543 de Rome (317-211 av. J.-C.), portent une tête c
Minerve de face, coiffée d'un casque à trois aigrettes ; au revers, un bœuf tourné
droite, et accompagné en tête, tantôt d'un signe qui a la forme d'un *l* archaïque, tant
d'un caducée[2]. Ce type de Minerve, par la position de la tête, par la forme des traits e
par la coiffure, se rapproche singulièrement de celui que reproduit notre chaton. I
casque à la triple aigrette, en particulier, ressemble beaucoup au nôtre, et je me de
mande si ce que l'on prend pour des gardes-joues, sur la bague qui nous occupe, r
serait pas deux aigrettes latérales, la τριλοφία des as romains.

Peut-on admettre que, dès le IIIe siècle, les Carthaginois aient emprunté un tyj
romain, ou bien ces deux types, si voisins l'un de l'autre, ne pourraient-ils pas avo
une origine commune ? Il est un fait qui serait de nature à jeter un jour nouveau si
la question. Cette tête de Minerve ne se rencontre pas seulement à Rome, mais auss
comme M. Babelon en a fait la remarque[3], sur les belles pièces d'argent d'Audoléon, r
de Péonie (mort en 284 av. J.-C.)[4]. Sur ces dernières monnaies, notamment sur le n° !
le type de la déesse, la forme du casque et la disposition des trois aigrettes présenter
une ressemblance frappante avec la tête de la déesse carthaginoise. Enfin, d'apr
M. Babelon, le même type se retrouve encore sur les monnaies de Tarente et c
Métaponte.

Nous aurions donc là, non pas un type spécialement romain, mais un type ré
pandu depuis la Macédoine jusqu'au sud de l'Italie. Il n'y aurait donc rien de surpre
nant à ce qu'on le retrouve à Carthage. Dans les bagues, les scarabées, les intailles,
fantaisie ne tient qu'une très petite place, et les sujets figurés, quand ils ne sont pa

---

1. Polybe, I, 32.
2. Babelon, *Histoire et Chronologie des Monnaies de la République romaine*, t. I, p. 16-17.
3. *Ibidem*, p. 18.
4. *Trésor de numismatique, Rois grecs*, pl. VII, fig. 5, 6, 8.

es portraits, sont la reproduction de sujets consacrés par l'art ou par la mythologie; faut toujours leur chercher une origine plastique.

Il nous reste un point à élucider. Que signifient les deux lettres *a* et *t* placées à oite et à gauche de la tête? Il est difficile de préciser le sens d'abréviations formées deux lettres isolées. Pourtant, nous commençons à nous y reconnaître. C'est . Euting qui, le premier, a reconnu une abréviation dans le *R* qui remplace le mot *ab* sur certaines inscriptions phéniciennes[1]. Depuis lors, l'étude des monnaies de icipsa m'a amené à reconnaître la règle de l'abréviation tantôt par la première, ntôt par la première et la dernière lettre, qui est devenue l'un des principes direc- urs de la Numismatique d'Afrique[2]. C'est ainsi encore que, sur l'inscription C. I. S., 25, ‫ע‬ et ‫ח‬ sont l'abréviation du nom d'Abdmelqart, et que, sur l'inscription 436, il ut corriger la lecture du *Corpus*, et lire Bodastoret ou Bodmelqart. Peut-être ons-nous ici de même l'abréviation d'un nom propre, et les lettres ‫א‬ et ‫ת‬ sont-elles commencement et la fin du nom féminin Ummat-Astoret.

Pourtant, dans d'autres cas, ce ‫ח‬ est l'abréviation manifeste du nom divin Tanit[3]. serait donc possible que nous ayons là une abréviation par la première lettre de deux ots, et qu'il faille lire: *Ummat Tanit* « la Mère Tanit ». On objectera peut-être e Tanit était une déesse vierge; mais je crois avoir démontré[4] qu'elle était à la fois erge et mère. Dans ce cas, l'inscription serait la confirmation de l'attribution que us avons faite de cette représentation figurée à la grande déesse de Carthage.

1. C. I. S., Part. I, 132, l. 4, p. 163.
2. Ph. Berger, *Inscription néopunique de Cherchell en l'honneur de Micipsa, Recueil d'Assyrio- ie*, 1888, p. 35-46.
3. C. I. S., I, 395-400.
4. *La Trinité carthaginoise, Gazette archéologique*, 1880.

CHALON-SUR-SAÔNE, IMPRIMERIE FRANÇAISE ET ORIENTALE DE E. BERTRAND

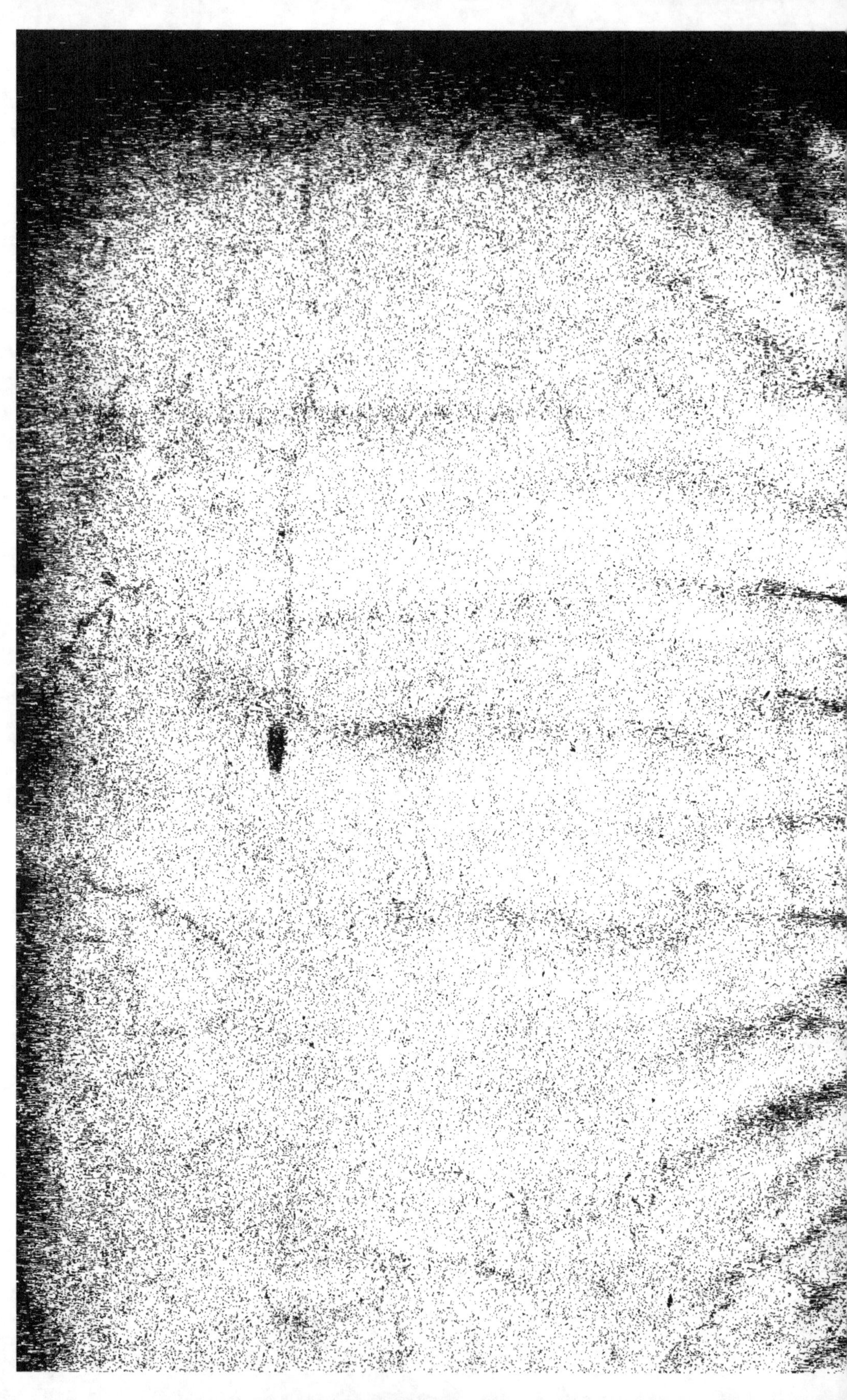

www.ingramcontent.com/pod-product-compliance
Lightning Source LLC
Chambersburg PA
CBHW061200050726
47594CB00008B/3491